Littlest PetShop

LE GUIDE

VOLUME 2

Maria Balaban
Adaptation française de Anne Manago

ISBN 0-545-03422-1

Éditions Hemma, rue de Chevron, 106
4987 Chevron, Belgique
Dépôt légal : 10.07/0058/251
Édition 03.2008
N° d"impression : 7532.0712
Imprimé en Belgique

Table des matières

Qu'elles se prélassent sur un rocher ou barbotent dans l'eau, ces petites créatures ne pensent qu'à s'amuser. Prépare ton tuba et tes palmes et viens leur faire un petit coucou !

LE BERNARD-L'ERMITE

COULEUR DES YEUX : vert

COULEUR DU CORPS : orange vif

ACCESSOIRE FAVORI : un coffre de rangement

AIME : l'organisation

NE SUPPORTE PAS : le désordre

PLAT PRÉFÉRÉ : les plats à emporter

ACTIVITÉ FAVORITE : parties de cache-cache entre les rochers

LA TORTUE

COULEUR DES YEUX : turquoise

COULEUR DU CORPS : vert pomme

ACCESSOIRE FAVORI : sa valise

AIME : les routes dégagées

DÉTESTE : les amendes pour excès de vitesse

PLAT PRÉFÉRÉ : les tortillas

ACTIVITÉ FAVORITE : partir en voyage

LA GRENOUILLE

COULEUR DES YEUX : fuchsia et or

COULEUR DU CORPS : vert

ACCESSOIRE FAVORI : lunettes de plongée

AIME : la plongée au large

DÉTESTE : perdre ses affaires

PLAT PRÉFÉRÉ : le poisson pané avec des frites

LIEU DE PRÉDILECTION : le lagon

LES FIDÈLES TOUTOUS

C'est bien connu, le chien est le meilleur ami de l'homme et reste à jamais fidèle à son maître. Alors, n'hésite pas à gâter tes petits toutous avec des joujoux en caoutchouc et de savoureux biscuits.

LE CORGI

COULEUR DES YEUX : vert pâle

COULEUR DU CORPS : caramel

ACCESSOIRE FAVORI : la planche de surf

AIME : les promenades sur la plage

DÉTESTE : les méduses

PLAT PRÉFÉRÉ : sandwich au thon

ACTIVITÉ FAVORITE : sauter au-dessus des vagues

LE GRAND DANOIS

COULEUR DES YEUX : bleu roi

COULEUR DU CORPS : brun cacao

ACCESSOIRE FAVORI : les patins à roulettes

AIME : l'arc-en-ciel

DÉTESTE : les rues pavées

PLAT PRÉFÉRÉ : les beignets

ACTIVITÉ FAVORITE : le roller disco

LE CHIEN BRUN

COULEUR DES YEUX : bleu azur

COULEUR DU CORPS : marron et caramel

ACCESSOIRE FAVORI : un diadème rose

AIME : lire les magazines de mode

DÉTESTE : se casser un ongle

PLAT PRÉFÉRÉ : le pâté de saumon

LIEU DE PRÉDILECTION : le salon de coiffure

LE CHIEN

COULEUR DES YEUX : bleu

COULEUR DU CORPS : blanc et chocolat

ACCESSOIRE FAVORI : un ruban bleu

AIME : avoir la première place

DÉTESTE : les chiens plus mignons que lui

PLAT PRÉFÉRÉ : le filet mignon

LIEU DE PRÉDILECTION : la première marche du podium

LE CHIEN GRIS

COULEUR DES YEUX : bleu glacier

COULEUR DU CORPS : blanc et gris

ACCESSOIRE FAVORI : son petit canard en caoutchouc

AIME : patauger

DÉTESTE : faire des longueurs de piscine

PLAT PRÉFÉRÉ : la soupe chinoise au poulet et vermicelles

LIEU DE PRÉDILECTION : la baignoire

Le chien

Couleur des yeux : bleu clair

Couleur du corps : blanc et marron

Accessoire favori : le microphone

Aime : le karaoké

Déteste : chanter dans le chœur

Plat préféré : les sushi

Lieu de prédilection : la scène

Le chiot

Couleur des yeux : vert clair

Couleur du corps : blanc

Accessoire favori : un nœud rose

Aime : se mettre sur son trente et un

Déteste : se salir

Plat préféré : le gâteau de Savoie

Activité favorite : jouer avec ses poupées

LE CHIOT

COULEUR DES YEUX : bleu pâle

COULEUR DU CORPS : blanc

ACCESSOIRE FAVORI : vieux jouet tout mâchouillé

AIME : se salir

DÉTESTE : le bain

PLAT PRÉFÉRÉ : des croquettes moelleuses

ACTIVITÉ FAVORITE : se rouler dans la boue

LE BOXER

COULEUR DES YEUX : vert olive

COULEUR DU CORPS : brun pâle

ACCESSOIRE FAVORI : ses clubs de golf

AIME : faire un trou en un seul coup

DÉTESTE : être coincé dans le bunker

PLAT PRÉFÉRÉ : le club sandwich

ACTIVITÉ FAVORITE : parcourir le green en voiturette de golf

LES HYPERACTIFS

Du parc à la piste de danse, ces petites créatures ne tiennent pas en place. Elles ont vraiment la bougeotte. Alors, si tu ne veux pas les perdre de vue, tu as intérêt à courir vite.

LE LIÈVRE

COULEUR DES YEUX : vert gazon

COULEUR DU CORPS : marron et caramel

ACCESSOIRE FAVORI : son sourire

AIME : voler au secours de ses amis

DÉTESTE : être en retard

PLAT PRÉFÉRÉ : la nourriture végétarienne

ACTIVITÉ FAVORITE : cueillir des fleurs

LE HAMSTER

COULEUR DES YEUX : bleu intense

COULEUR DU CORPS : blanc

ACCESSOIRE FAVORI : chaussures de course

AIME : la vitesse

DÉTESTE : rester allongé

PLAT PRÉFÉRÉ : les barres énergétiques

LIEU DE PRÉDILECTION : sa roue d'entraînement

LE CHIEN

COULEUR DES YEUX : bleu-vert

COULEUR DU CORPS : doré

ACCESSOIRE FAVORI : une fleur bleue au-dessus de l'oreille

AIME : planer sur les vagues

DÉTESTE : porter des chaussures

PLAT PRÉFÉRÉ : le steak tartare

ACTIVITÉ FAVORITE : attraper une vague

LE CHAT

COULEUR DES YEUX : vert étincelant

COULEUR DU CORPS : blanc immaculé

ACCESSOIRE FAVORI : le skateboard

AIME : les films d'horreur

DÉTESTE : se faire beau

PLAT PRÉFÉRÉ : le pop-corn

ACTIVITÉ FAVORITE : voir deux films à la suite

Toujours tirées à quatre épingles, ces créatures sont parfaitement à l'aise en société et ont le chic pour accessoiriser leur tenue. Si tu es très gentil avec elles, elles te confieront peut-être quelques-unes de leurs astuces.

LE CHAT

COULEUR DES YEUX : gris

COULEUR DU CORPS : blanc et chocolat

ACCESSOIRE FAVORI : un collier serti de pierres précieuses

AIME : une litière impeccable

DÉTESTE : les trouble-fête

PLAT PRÉFÉRÉ : la purée de pommes de terre

ACTIVITÉ FAVORITE : faire le grand nettoyage

LE CHAT

COULEUR DES YEUX : bleu pervenche

COULEUR DU CORPS : orange et blanc

ACCESSOIRE FAVORI : un vanity-case chic

AIME : fréquenter la jet-set

DÉTESTE : son coach personnel

PLAT PRÉFÉRÉ : le caviar

LIEU DE PRÉDILECTION : les salons VIP de l'aéroport

LE CHATON

COULEUR DES YEUX : bleu acier

COULEUR DU CORPS : gris

ACCESSOIRE FAVORI : la robe de cocktail

AIME : lancer des invitations

DÉTESTE : être à court d'amuse-gueules

PLAT PRÉFÉRÉ : les hors-d'œuvre

ACTIVITÉ FAVORITE : recevoir des amis

LE SINGE

COULEUR DES YEUX : mauve

COULEUR DU CORPS : brun clair et brun foncé

ACCESSOIRE FAVORI : justaucorps

AIME : la gymnastique

DÉTESTE : la barre fixe

PLAT PRÉFÉRÉ : gâteau à la banane

LIEU DE PRÉDILECTION : la salle de sport

L'OISEAU

COULEUR DES YEUX : bleu œuf de merle

COULEUR DU CORPS : bleu ciel et jaune

ACCESSOIRE FAVORI : trousse de maquillage

AIME : essayer de nouveaux vêtements

DÉTESTE : ne pas avoir l'air en pleine forme

PLAT PRÉFÉRÉ : de la salade avec la vinaigrette à part

ACTIVITÉ FAVORITE : se regarder dans le miroir

L'OISEAU

COULEUR DES YEUX : violet

COULEUR DU CORPS : turquoise et blanc

ACCESSOIRE FAVORI : la lime à ongles

AIME : se vernir les ongles

DÉTESTE : les envies

ALIMENT PRÉFÉRÉ : les raisins sans la peau

ACTIVITÉ FAVORITE : une séance de manucure

L'OISEAU

COULEUR DES YEUX : bleu de France

COULEUR DU CORPS : rose barbe à papa

ACCESSOIRE FAVORI : crème solaire

AIME : saisir les rayons du soleil

DÉTESTE : se mouiller les plumes

ALIMENT PRÉFÉRÉ : les airelles

ACTIVITÉ FAVORITE : se prélasser au bord de la piscine

LE LAPIN

COULEUR DES YEUX : mauve

COULEUR DU CORPS : blanc

ACCESSOIRE FAVORI : le tablier

AIME : préparer des gâteaux

DÉTESTE : rater une recette

PLAT PRÉFÉRÉ : cookies aux pépites de chocolat

LIEU DE PRÉDILECTION : la cuisine

LE SINGE

COULEUR DES YEUX : vert olive

COULEUR DU CORPS : caramel et brun foncé

ACCESSOIRE FAVORI : un ruban rose

AIME : les admirateurs secrets

DÉTESTE : travailler dur

ALIMENT PRÉFÉRÉ : les sucettes

LIEU DE PRÉDILECTION : le centre commercial

Tu sauras que le printemps est de retour lorsque tu verras réapparaître ces petites créatures dans les prés, les parcs et partout où le soleil brille.

LE LAPIN

COULEUR DES YEUX : vert émeraude

COULEUR DU CORPS : blanc et gris

ACCESSOIRE FAVORI : une fleur rose

AIME : être tout sucre tout miel

DÉTESTE : les films d'horreur

PLAT PRÉFÉRÉ : un gâteau d'anniversaire

LIEU DE PRÉDILECTION : le cinéma

LE CHIHUAHUA

COULEUR DES YEUX : lavande

COULEUR DU CORPS : caramel et chocolat

ACCESSOIRE FAVORI : le bandana

AIME : les Monster Trucks

DÉTESTE : qu'on le traite de braillard

PLAT PRÉFÉRÉ : les hot dogs hyperlongs

LIEU DE PRÉDILECTION : l'atelier de carrosserie automobile

LA COCCINELLE

COULEUR DES YEUX : vert fluo

COULEUR DU CORPS : rouge et noir

ACCESSOIRE FAVORI : les lunettes de soleil

AIME : le jardinage

DÉTESTE : les épines sur les tiges

PLAT PRÉFÉRÉ : la salade de fruits

ACTIVITÉ FAVORITE : prendre un bain de soleil au cœur d'une pâquerette

LE LAPIN

COULEUR DES YEUX : turquoise

COULEUR DU CORPS : chocolat

ACCESSOIRE FAVORI : une casquette verte

AIME : la breakdance

DÉTESTE : le ballet classique

PLAT PRÉFÉRÉ : les hamburgers

ACTIVITÉ FAVORITE : faire des acrobaties sur une piste de danse

LE CHIEN

COULEUR DES YEUX : bleu roi

COULEUR DU CORPS : brun et blanc

ACCESSOIRE FAVORI : le tourne-disque

AIME : les mélodies qui donnent le tournis

DÉTESTE : le silence

PLAT PRÉFÉRÉ : les croquettes au fromage

LIEU DE PRÉDILECTION : la boutique de vieux 33-tours

LE SINGE

COULEUR DES YEUX : vert bouteille

COULEUR DU CORPS : brun foncé

ACCESSOIRE FAVORI : le yoyo

AIME : le carnaval

DÉTESTE : les clowns

ALIMENT PRÉFÉRÉ : la barbe à papa

LIEU DE PRÉDILECTION : les montagnes russes

LE CHAT

COULEUR DES YEUX : bleu

COULEUR DU CORPS : gris et blanc

ACCESSOIRE FAVORI : son appareil photo

AIME : les photos

DÉTESTE : les divas

ALIMENT PRÉFÉRÉ : les graines de tournesol

LIEU DE PRÉDILECTION : son studio de photo

LE LAPIN

COULEUR DES YEUX : magenta

COULEUR DU CORPS : blanc et caramel

ACCESSOIRE FAVORI : une batte de base-ball

AIME : les sports d'équipe

DÉTESTE : être éliminé

ALIMENT PRÉFÉRÉ : les cacahuètes

LIEU DE PRÉDILECTION : le stade

LE CHAT

COULEUR DES YEUX : lavande

COULEUR DU CORPS : blanc et gris

ACCESSOIRE FAVORI : le casque et les genouillères

AIME : les sports de l'extrême

DÉTESTE : être appelée "princesse"

PLAT PRÉFÉRÉ : hamburger et frites

ACTIVITÉ FAVORITE : rechercher les sensations fortes

LA GRENOUILLE

COULEUR DES YEUX : orange vif

COULEUR DU CORPS : vert intense

ACCESSOIRE FAVORI : la casquette

AIME : les bains de soleil

DÉTESTE : le froid

ALIMENT PRÉFÉRÉ : la crème glacée

ACTIVITÉ FAVORITE : être allongée sur la plage

LE SINGE

COULEUR DES YEUX : vert olive

COULEUR DU CORPS : brun roux

ACCESSOIRE FAVORI : le béret

AIME : la peinture

DÉTESTE : les bandes dessinées

PLAT PRÉFÉRÉ : les crêpes Suzette

LIEU DE PRÉDILECTION : le musée des beaux-arts

LE CHIEN

COULEUR DES YEUX : lavande

COULEUR DU CORPS : jaune

ACCESSOIRE FAVORI : un foulard rayé

AIME : les promenades en forêt

DÉTESTE : la ville

PLAT PRÉFÉRÉ : le hachis Parmentier

ACTIVITÉ FAVORITE : se pelotonner devant un bon feu de cheminée

LE COCHON

COULEUR DES YEUX : bleu pervenche

COULEUR DU CORPS : sable

ACCESSOIRE FAVORI : un bonnet en dentelles

AIME : confectionner de la dentelle

DÉTESTE : la musique rock

PLAT PRÉFÉRÉ : thé avec des scones

LIEU DE PRÉDILECTION : son rocking-chair

LE CANARD

COULEUR DES YEUX : fuchsia

COULEUR DU CORPS : jaune fluo

ACCESSOIRE FAVORI : les lunettes de soleil

AIME : le grand plongeoir

DÉTESTE : sortir de la piscine

PLAT PRÉFÉRÉ : les sushi végétariens

ACTIVITÉ FAVORITE : barboter dans la mare

LE CHIEN

COULEUR DES YEUX : bleu

COULEUR DU CORPS : brun doré

ACCESSOIRE FAVORI : le Frisbee

AIME : les randonnées à vélo

DÉTESTE : sentir le vent dans ses oreilles

PLAT PRÉFÉRÉ : les sandwichs au beurre de cacahuètes

LIEU DE PRÉDILECTION : le panier d'une bicyclette

LE CHAT

COULEUR DES YEUX : bleu intense

COULEUR DU CORPS : gris

ACCESSOIRE FAVORI : un ruban mauve

AIME : chanter sous la douche

DÉTESTE : avoir mal à la gorge

PLAT PRÉFÉRÉ : les muffins au citron

ACTIVITÉ FAVORITE : les répétitions avec sa chorale

LE LAPIN

COULEUR DES YEUX : vert clair

COULEUR DU CORPS : blanc

ACCESSOIRE FAVORI : les lunettes d'approche

AIME : le jardinage

DÉTESTE : les mauvaises herbes

PLAT PRÉFÉRÉ : la laitue

LIEU DE PRÉDILECTION : le jardin

LA SOURIS

COULEUR DES YEUX : turquoise

COULEUR DU CORPS : rose

ACCESSOIRE FAVORI : son crayon et son bloc à dessin

AIME : faire des croquis

DÉTESTE : faire peur aux gens

PLAT PRÉFÉRÉ : omelette au jambon et fromage

ACTIVITÉ FAVORITE : observer les gens

L'AGNEAU

COULEUR DES YEUX : turquoise

COULEUR DU CORPS : blanc

ACCESSOIRE FAVORI : un joli ruban rose dans les cheveux

AIME : les verts pâturages

DÉTESTE : les jours pluvieux

PLAT PRÉFÉRÉ : les hamburgers végétariens

ACTIVITÉ FAVORITE : le tricot

LE LAPIN

COULEUR DES YEUX : vert pâle

COULEUR DU CORPS : brun et blanc

ACCESSOIRE FAVORI : un panier tressé

AIME : cueillir des fleurs

DÉTESTE : le hip-hop

PLAT PRÉFÉRÉ : le gâteau aux carottes

ACTIVITÉ FAVORITE : la vannerie

LES MANIAQUES DE LA PROPRETÉ

Ces petites créatures aiment prendre soin de leur corps, être nettes des pattes à la tête, avoir une fourrure soyeuse et les ongles bien polis. Vivement l'heure du bain !

LA SOURIS

COULEUR DES YEUX : bleu ciel

COULEUR DU CORPS : brun clair

ACCESSOIRE FAVORI : la balançoire

AIME : les hauts et les bas

DÉTESTE : les labyrinthes

ALIMENT PRÉFÉRÉ : les boules de gomme

LIEU DE PRÉDILECTION : la plaine de jeux

LA SOURIS

COULEUR DES YEUX : lavande

COULEUR DU CORPS : gris clair

ACCESSOIRE FAVORI : les genouillères et le casque

AIME : la ceinture de sécurité

DÉTESTE : prendre des risques

PLAT PRÉFÉRÉ : le gruau d'avoine à la cannelle

LIEU DE PRÉDILECTION : bien au chaud au fond de son lit

LE CHIEN

COULEUR DES YEUX : vert pomme

COULEUR DU CORPS : gris clair

ACCESSOIRE FAVORI : la corde à mâcher

AIME : jouer au tir à la corde

DÉTESTE : laisser la corde lui échapper

ALIMENT PRÉFÉRÉ : les bâtons de réglisse

LIEU DE PRÉDILECTION : le parc

LE CHAT

COULEUR DES YEUX : vert foncé

COULEUR DU CORPS : brun doré

ACCESSOIRE FAVORI : une petite souris en plastique qui couine

AIME : essayer d'attraper sa queue

DÉTESTE : se salir

PLAT PRÉFÉRÉ : les spaghettis avec des boulettes de viande

ACTIVITÉ FAVORITE : regarder des matchs à la télé

LE CHAT

COULEUR DES YEUX : bleu-gris

COULEUR DU CORPS : caramel

ACCESSOIRE FAVORI : le gant de toilette et la brosse

AIME : les longs bains

DÉTESTE : avoir la peau fripée en sortant du bain

ALIMENT PRÉFÉRÉ : le melon

LIEU DE PRÉDILECTION : le jacuzzi

L'ÉCUREUIL VOLANT

COULEUR DES YEUX : vert olive

COULEUR DU CORPS : blanc et gris

ACCESSOIRE FAVORI : le parachute

AIME : l'altitude

DÉTESTE : avoir les pieds sur terre

PLAT PRÉFÉRÉ : la purée de glands

ACTIVITÉ FAVORITE : planer de branche en branche

LE FURET

COULEUR DES YEUX : vert

COULEUR DU CORPS : caramel et chocolat

ACCESSOIRE FAVORI : un harnais bleu pâle

AIME : les terriers étroits

DÉTESTE : les mouches du coche

ALIMENT PRÉFÉRÉ : les berlingots

ACTIVITÉ FAVORITE : se détendre dans un hamac

LE CANARD

COULEUR DES YEUX : bleu pâle

COULEUR DU CORPS : jaune clair

ACCESSOIRE FAVORI : le kayak

AIME : se mouiller les pattes

DÉTESTE : avoir du sable dans les plumes

PLAT PRÉFÉRÉ : les épis de maïs grillés

ACTIVITÉ FAVORITE : plonger la tête sous l'eau

LE CHIEN

COULEUR DES YEUX : bleu acier

COULEUR DU CORPS : caramel et blanc

ACCESSOIRE FAVORI : une canne à pêche

AIME : attraper un gros poisson

DÉTESTE : le laisser s'échapper

PLAT PRÉFÉRÉ : la truite au bleu

LIEU DE PRÉDILECTION : au bord du lac

LES AMIS DE L'ÉTÉ

Le thermomètre peut grimper, cette petite créature n'en a cure car elle supporte les températures les plus élevées. Alors, emmène-la à la plage ou en pique-nique et amusez-vous comme des fous !

LE COLIBRI

COULEUR DES YEUX : vert intense

COULEUR DU CORPS : vert

ACCESSOIRE FAVORI : les lunettes de soleil

AIME : les fleurs fraîches

DÉTESTE : le brouillard

ALIMENT PRÉFÉRÉ : le nectar d'orchidée

LIEU DE PRÉDILECTION : la confiserie

LES PLUS MIGNONS

Ils sont tellement mignons que, dès qu'on les regarde, on ne peut s'empêcher de sourire !

LE TAMIA

COULEUR DES YEUX : vert olive

COULEUR DU CORPS : brun et blanc

ACCESSOIRE FAVORI : le casse-noisettes

AIME : prendre ses jambes à son cou

DÉTESTE : les bouts de coquille dans son lit

ALIMENT PRÉFÉRÉ : les cacahuètes

ACTIVITÉ FAVORITE : faire des grimaces devant son miroir

LE RATON LAVEUR

COULEUR DES YEUX : bleu pâle

COULEUR DU CORPS : noir et gris

ACCESSOIRE FAVORI : le tablier et la toque de grand chef

AIME : cuisiner

DÉTESTE : avoir faim

PLAT PRÉFÉRÉ : le dessert

ACTIVITÉ FAVORITE : être complimenté pour sa cuisine

L'ABEILLE

COULEUR DES YEUX : bleu azur

COULEUR DU CORPS : jaune et noir

ACCESSOIRE FAVORI : gaufre de miel

AIME : être la reine

DÉTESTE : avoir les pattes collantes

ALIMENT PRÉFÉRÉ : la brioche au sucre

LIEU DE PRÉDILECTION : le fleuriste

LE PAPILLON

COULEUR DES YEUX : lilas

COULEUR DU CORPS : rose et jaune

ACCESSOIRE FAVORI : les chaussons de danse

AIME : danser

DÉTESTE : le football

PLAT PRÉFÉRÉ : les pâtisseries

ACTIVITÉ FAVORITE : s'entraîner à faire des pirouettes

LE COCHON D'INDE

COULEUR DES YEUX : vert olive

COULEUR DU CORPS : crème et caramel

ACCESSOIRE FAVORI : des lunettes de lecture

AIME : feuilleter le dictionnaire

DÉTESTE : la télévision

ALIMENT PRÉFÉRÉ : l'artichaut

LIEU DE PRÉDILECTION : la bibliothèque

LA TORTUE

COULEUR DES YEUX : bleu clair

COULEUR DU CORPS : vert pâle

ACCESSOIRE FAVORI : le bonnet de ski

AIME : jouer aux échecs

DÉTESTE : les autoroutes

PLAT PRÉFÉRÉ : le steak cuit à point

ACTIVITÉ FAVORITE : prendre son temps

LE CHAT

COULEUR DES YEUX : vert olive

COULEUR DU CORPS : blanc et caramel

ACCESSOIRE FAVORI : les ciseaux

AIME : coiffer ses amies

DÉTESTE : les permanentes ratées

PLAT PRÉFÉRÉ : les pommes de terre rissolées

LIEU DE PRÉDILECTION : le salon de coiffure

LE CHAT

COULEUR DES YEUX : bleu étincelant

COULEUR DU CORPS : crème

ACCESSOIRE FAVORI : le téléphone sans fil

AIME : les ragots bien juteux

DÉTESTE : lire le journal

ALIMENT PRÉFÉRÉ : les bretzels

ACTIVITÉ FAVORITE : échanger des potins au téléphone

LE CHIEN

COULEUR DES YEUX : brun foncé

COULEUR DU CORPS : blanc et marron

ACCESSOIRE FAVORI : la loupe

AIME : attraper le coupable

DÉTESTE : les crimes

PLAT PRÉFÉRÉ : le fromage puant

ACTIVITÉ FAVORITE : la recherche d'indices

LE CANICHE

COULEUR DES YEUX : violet

COULEUR DU CORPS : blanc et rose

ACCESSOIRE FAVORI : le collier à clous

AIME : le rock punk

DÉTESTE : la musique classique

PLAT PRÉFÉRÉ : la pizza

ACTIVITÉ FAVORITE : jouer de la batterie avec son groupe de rock

L'ÉCOSSAIS

COULEUR DES YEUX : bleu

COULEUR DU CORPS : gris-blanc

ACCESSOIRE FAVORI : la cornemuse

AIME : les plaids à motifs écossais

DÉTESTE : les pantalons

PLAT PRÉFÉRÉ : le saumon fumé

ACTIVITÉ FAVORITE : la parade

Pour ces adorables petites créatures, c'est tous les jours la Saint-Valentin. Elles aiment chouchouter et être chouchoutées. Offre-leur une jolie boîte rouge en forme de cœur remplie de chocolats et elles t'adopteront aussitôt.

LE CANICHE

COULEUR DES YEUX : mauve pâle

COULEUR DU CORPS : blanc et gris

ACCESSOIRE FAVORI : un nœud violet

AIME : les romans à l'eau de rose

DÉTESTE : le bruit

PLAT PRÉFÉRÉ : le gâteau de riz

LIEU DE PRÉDILECTION : la bibliothèque

LE CHATON

COULEUR DES YEUX : vert olive

COULEUR DU CORPS : brun clair

ACCESSOIRE FAVORI : une doudoune bien moelleuse

AIME : rester bien au chaud à la maison

DÉTESTE : le mauvais temps

PLAT PRÉFÉRÉ : le panini au fromage

LIEU DE PRÉDILECTION : pelotonné au coin du feu

L'OISEAU

COULEUR DES YEUX : violet foncé

COULEUR DU CORPS : jaune, vert et blanc

ACCESSOIRE FAVORI : le télescope

AIME : observer les étoiles

DÉTESTE : les nuages

PLAT PRÉFÉRÉ : un assortiment de sorbets

ACTIVITÉ FAVORITE : regarder le ciel la nuit

LE LAPIN

COULEUR DES YEUX : bleu indigo

COULEUR DU CORPS : mordoré

ACCESSOIRE FAVORI : les barrettes

AIME : lire son horoscope

DÉTESTE : les personnes antipathiques

ALIMENT PRÉFÉRÉ : les pousses de luzerne

ACTIVITÉ FAVORITE : teindre ses vieux T-shirts

LE COCHON

COULEUR DES YEUX : vert

COULEUR DU CORPS : rose

ACCESSOIRE FAVORI : le serre-tête

AIME : faire du sport

DÉTESTE : se rendormir après la sonnerie du réveil

ALIMENT PRÉFÉRÉ : tout ce qui est épicé

LIEU DE PRÉDILECTION : la salle de sport

LE DALMATIEN

COULEUR DES YEUX : mauve

COULEUR DU CORPS : blanc et noir

ACCESSOIRE FAVORI : l'extincteur

AIME : grimper sur le camion de pompiers

DÉTESTE : avoir de la suie sur les pattes

PLAT PRÉFÉRÉ : les tacos bien épicés

LIEU DE PRÉDILECTION : la caserne des pompiers

LES COMPAGNONS DE L'HIVER

Brrr... C'est le moment de bien te couvrir, n'oublie pas ton écharpe et ton bonnet avant d'emmener tes petits compagnons en promenade. Ils adorent gambader dans la neige mais, de retour à la maison, ils sont ravis de se pelotonner au coin du feu.

LE HUSKY

COULEUR DES YEUX : fauve

COULEUR DU CORPS : gris et blanc

ACCESSOIRE FAVORI : un foulard rose

AIME : faire du traîneau

DÉTESTE : qu'on lui demande d'arrêter de tirer

PLAT PRÉFÉRÉ : les esquimaux en chocolat

ACTIVITÉ FAVORITE : dévaler les pentes enneigées

LE PANDA

COULEUR DES YEUX : vert clair

COULEUR DU CORPS : noir et blanc

ACCESSOIRE FAVORI : la ceinture noire

AIME : lire les journaux

DÉTESTE : les démangeaisons

PLAT PRÉFÉRÉ : les nouilles chinoises

LIEU DE PRÉDILECTION : le tatami

LE CHIEN

COULEUR DES YEUX : bleu pétrole

COULEUR DU CORPS : beige

ACCESSOIRE FAVORI : écharpe bleue

AIME : le patin à glace

DÉTESTE : les poils des oreilles qui frisottent

ALIMENT PRÉFÉRÉ : un bon lait chaud

LIEU DE PRÉDILECTION : un étang glacé

LE CHAT GRIS

COULEUR DES YEUX : bleu acier

COULEUR DU CORPS : gris clair

ACCESSOIRE FAVORI : un bonnet à rayures

AIME : faire des bonshommes de neige

DÉTESTE : avoir froid aux pattes

PLAT PRÉFÉRÉ : la soupe aux lentilles

ACTIVITÉ FAVORITE : la bataille de boules de neige

LE LAPIN

COULEUR DES YEUX : vert sombre

COULEUR DU CORPS : jaune pâle et blanc

ACCESSOIRE FAVORI : un bonnet rayé

AIME : le ski alpin

DÉTESTE : avoir les lèvres gercées

PLAT PRÉFÉRÉ : les marshmallows au barbecue

LIEU DE PRÉDILECTION : les pistes de ski

LA SOURIS BRUNE

COULEUR DES YEUX : bleu lavande

COULEUR DU CORPS : beige

ACCESSOIRE FAVORI : gros chaussons de laine

AIME : les soirées pyjama

DÉTESTE : le hard rock

PLAT PRÉFÉRÉ : le cheesecake

ACTIVITÉ FAVORITE : jouer à vrai ou faux

Vu leur petite taille, ces créatures pourront t'accompagner partout en voyage. Trouve la boîte qui leur convient pour les transporter et en route pour l'aventure !

LE CHINCHILLA

COULEUR DES YEUX : lavande

COULEUR DU CORPS : brun cacao

ACCESSOIRE FAVORI : sa boîte de transport

AIME : les grandes expéditions

DÉTESTE : les retards dus au mauvais temps

ALIMENT PRÉFÉRÉ : les barres énergétiques

ACTIVITÉ FAVORITE : admirer le paysage

LE BASSET

COULEUR DES YEUX : vert pomme

COULEUR DU CORPS : caramel

ACCESSOIRE FAVORI : son passeport

AIME : faire le tour du monde

DÉTESTE : le décalage horaire

ALIMENT PRÉFÉRÉ : les cacahuètes salées

ACTIVITÉ FAVORITE : voyager en première classe

AS-TU TOUS LES LITTLEST PET SHOP ? VÉRIFIE !